Rene Schreiber

Geschichte Taiwans

(1517-1945)

Dieses Werk ist urheberrechtlich geschützt und darf ohne Zustimmung des Autors nicht vervielfältigt, kopiert, vertont, gedruckt oder zum Download bereitgestellt werden.

Auflage 1

Copyright © 2021 Rene Schreiber

Cover: Rene Schreiber

Druck und Bindung: epubli Berlin

Impressum

Rene Schreiber
G. B. Straße 9/2, 1100 Wien

Inhalt

Vorwort 5

Die frühe Geschichte 7

Taiwan unter niederländischer Herrschaft 10

Konflikt zwischen Chinesen und Ureinwohner 17

Koxingas Flucht nach Formosa und das Ende der Niederländer 20

Königreich Dongning 22

Taiwan unter der Qing Dynastie 26

Taiwan gerät unter japanische Herrschaft 34

Der russisch-japanische Krieg.......................... 39

Der zweite chinesisch-japanische Krieg und der zweite Weltkrieg................... 44

Literatur................................. 52

Vorwort

Taiwans Geschichte ist von einer Reihe an Besatzungen gekennzeichnet. Viele Mächte wollten das Eiland haben und ihrem Kolonialreich hinzufügen.

Weshalb die Insel so beliebt war und besetzt wurde, wie es die europäischen Mächte und Japan einnahmen und wie es an China zurück ging, soll hier behandelt werden.

Das heutige Taiwan ist der Nachfolger der einst 1912 gegründeten Republik China und bedarf eines eigenen Werkes. Denn nach dem Zweiten Weltkrieg herrschten die Nationalisten unter Chiang Kais-hek diktatorisch über die Insel. Erst nach Chiangs Zeit kam der Aufbruch in die Demokratie.

Die frühe Geschichte

Die Insel Taiwan ist vor zirka 5 Millionen Jahren als Folge einer Kollision der eurasischen mit der philippinischen Platte, welche eine tektonische Platte unterhalb des pazifischen Ozeans ist. In der letzten Kältezeit im Jungleistozän hatte Taiwan eine Landverbindung zum asiatischen Kontinent, da der Meeresspiegel ca. 100 Meter unter dem heutigen Niveau lag.

Vor 20.000 Jahren erreichte der Homo sapiens über diese Landbrücke das heutige Taiwan.

Es ist möglich, dass auch andere Menschenarten bereits hier lebten. Die ältesten Artefakte wurden an der Ostküste in Höhlen gefunden und besondere Bedeutung erlangte der Fundort Baxiandong in Changbing.

Die Jungsteinzeit war geprägt vom Ackerbau und eine Megalithkultur, welche Menhire (Hinkelstein) und Gräber aus Steinkisten herstellte. Die sogenannte „geometrische" Periode begann knapp 1000 Jahre später als am Festland. Man schätzt, dass diese Periode ab 500 vor unserer Zeitrechnung begann. Am Festland fegte die eindringenden Zhou Chinesen die Kultur hinweg und brachten die Eisenverarbeitung auch nach Taiwan.

Zwischen 200 vor bis 200 nach unserer Zeitrechnung wanderten mehrere Wellen von Flüchtlingen von der Hand-Dynastie ein. Nach der Sinisierung des Gebietes verloren man für längere Zeit die kulturelle Verbindung zum Festland. Man wandte sich handelspolitisch in den pazifischen Raum wie die Philippinen.

Taiwan unter niederländischer Herrschaft

Im Jahr 1517 entdecken die Portuguesen die Insel und gaben ihr en Namen Ilha Formosa (Schöne Insel). Die Portuguesen hatten bereits das chinesische Macao eingenommen und sich auch im indischen Gao.

1622 entführt Cornelis Reyerzoon im Auftrag des batavischen General Gouverneurs Jan Peterszoon Coen einigen Han-Chinesen an der Küste Fujians und zugleich griff er auch das portugiesische Macao an. Die Portugiesen verteidigten sich erfolgreich gegen die Niederländer. Reyerszoon zog sich zu den Pescadoren Insel (chinesisch Penghu Inseln) zurück und errichtete im Sommer jenes Jahres mit Hilfe der entführten ein Fort. Bis 1624 blieb er Kommandeur über Penghu Inseln, ehe das Ming Kaiserreich die Inseln zurückverlangte. Das Fort wurde abgerissen und die Niederländer begannen mit der Besetzung von Formosa an der Bucht „Taiwan".

Dies sollte dem heutigen Taiwan den Namen geben.

In der näheren Umgebung befanden sich Dörfer der Ureinwohner, Han Chinesen und japanische Händler sowie Piraten. Die niederländische Kolonie bestand zwischen 1624 und 1662. Fort Zeelandia diente den Niederländern als Hauptstützpunkt. Es gab neben dem Hauptstützpunkt auch das Fort Provintia.

Im Mai 1626 landeten auf der Insel zwei spanische Galeeren aus Manila (Philippinen). Die Spanier nannten Formosa Isla Hermosa und gründeten beim heutigen Keelung den Stützpunkt San Domingo. 1629 folgte der zweite Stützpunkt Castillo nahe dem heutigen Tamsui. Die Spanier betrieben mit den Eingeborenen Handel und führten die katholische Mission durch. Doch den Niederländern waren die Spanier ein Dorn im Auge. Handelskonkurrenten und zugleich Feind im 80 jährigen Krieg[1].

---

[1] Der 80 jährige Krieg (1568-1648) war ein Unabhängigkeitskrieg zwischen der

Es kam zu einer militärischen Expedition und die Spanier wurden von den Niederländern besiegt. Anfang August 1642 fiel Castillo und Ende August fiel der Hafen Santissima Trinidad.

Für die Niederländische Ostindien Kompanie war Formosa wichtig für den Handel zwischen Java und Japan. Lag sie doch auf halben Weg und diente so hals Zwischenhandelsplatz. Es wurden Güter aus Indien und Südostindien

---

Republik der sieben vereinigten Provinzen (Generalstaaten) und Spanien.

gegen Produkte aus Japan gehandelt. Außerdem war die Insel ein Rohstofflieferant. Rattanholz, Hirschhäute und -hörner und diverse Arzneipflanzen der chinesischen Medizin wurde exportiert. Importiert wurde Papier, Gewürze und Baumwolle.

Die Niederländer warben stark für Einwanderer vom Festland. Denn die Han wurden benötigt um mit den Ureinwohnern und mit dem Festland Handel zu treiben. Durch Erhebung von Steuern und Zoll konnten die Niederländern Gewinn erzielen und durch chinesische

Bauern wurde das Land urbar gemacht.

Konflikt zwischen Chinesen und Ureinwohner

Die Niederländer sicherten sich die Herrschaft über die Ureinwohner durch die Dorfvorsteher. Einmal im Jahr wurde ein Landtag abgehalten, auf dem bewirteten die Niederländer sämtliche Dorfhäuptlinge und die Häuptlingswürde bestätigt oder auf andere Häuptlinge übertragen wurde.

Durch diese Herrschaft durch Häuptlinge gab es durch die Ureinwohner keinen Widerstand gegenüber den Niederländern. Aber es kam zwischen den Chinesen und den Ureinwohnern zu Spannungen. Denn die chinesischen Händler, welche ihre Handelslizenzen von den Niederländern erhielten, beuteten die Ureinwohner aus. In der indigenen Bevölkerung kam zum Unmut und auf gewaltsame Übergriffe auf Chinesen. Die Niederländer schritten nicht auf der Seite der Ureinwohner ein, sondern stützten die Chinesen und erstickten die Unruhen.

Die Niederländer sahen bei den Steuern noch bessere Gewinnmaximierungen und so wurden die Steuern sukzessive erhöht. Dies führte zu Aufständen der Chinesen gegen die Niederländer. Die Kolonialmacht konnte den Aufstand bekämpfen und stoppen. Jedoch bleib das Misstrauen erhalten. Die Chinesen in Formosa waren im ständigen Kontakt mit dem südchinesischen Festland. Dort operierte der chinesische Feldherr Zheng Chenggong (Koxinga).

Koxingas Flucht nach Formosa und das Ende der Niederländer

Der Feldherr Zheng Chenggong (Koxinga) war gegenüber den Ming sehr loyal. Doch das Ming Kaiserreich sah sich einer neuen Bedrohung gegen über den Mandschu. Diese sollten das Ming Reich besiegen und selbst Herren über China werden. Koxinga musste nach vergeblichen Kampf nach Formosa fliehen und landete 1661 auf der Insel. Mit dem Angriff auf das Fort Zeelandia und nach einer 9 monatigen Belagerung kapitulierten die Kolonialherren unter Frederick Corvette im Jahr 1662. Die Niederländer verließen Formosa und Koxinga gründete das Königreich Dongning.

Königreich Dongning

Das Königreich wurde von Koxinga mit einer Verwaltung im Ming Stil aufgebaut. Dazu hatte er zuerst die Niederländer mit all ihren Hab und Gut verjagt und sich diese neue Basis in Taiwan aufgebaut. Doch sollte Taiwan nur dazu dienen das Festland zurückzuerobern und die Qing aus dem Land zu verjagen. Mit dem frühen Tod des ersten Königs übernahm sein Sohn Zheng Jing die Regentschaft. Er versuchte sich mit den Qing auszusöhnen und unternahm eine Reise nach Peking. Er wollte für

Dongning einen autonomen Staat erreichen.

Doch das Vorhaben klappte nicht ganz und dennoch untersetze man den Regenten. Viele Ming Anhänger flohen mit Erlaubnis von Zheng Jing nach Taiwan. Er führte weiterhin mit den europäischen Mächten regen Handel. Nach 20 jähriger Herrschaft starb Zheng Jing und hinterließ keinen Thronerben.

Sein unehelicher Sohn Zheng Keshuang wurde zum König ernannte und dies führte zur Spaltung zwischen Militär und

Regierung. Machtkämpfe brachen aus und die Qing Dynastie nutzte diese Schwäche aus. Ein Flotte unter Admiral Shi Lang wurde nach Taiwan beordert und am 16. Und 17. Juli 1683 wurde due Dongning Flotte unter Liu Guoxuan vernichtend beiden Penghu Inseln geschlagen. Nach mehreren verlorenen Kämpfen bot König Zheng Keshuang am 7. September 1683 die Kapitulation an. Am 3. Oktober kapitulierte das Königreich Dongning endgültig. Taiwan wurde von Qing Kaiser Kangxi in drei Landkreise eingeteilt und als

Präfektur der Provinz Fujian zugeordnet.

Taiwan unter der Qing Dynastie

Die Qing unterwarfen die Insel 1682 und unterstellten seit 1684 die Insel der Provinz Fujian. Die mandschurische Dynastie setzte die europäische „Zivilisierung" der indigenen Völker weiter durch. 1734 wurden fünfzig Schulen gegründet in denen die Kinder die chinesische Sprache und Kultur gelehrt bekamen.

Die Qing Dynastie ging noch weiter vor und beschloss ein Gesetz, welches die taiwanesischen Bewohner zwang mandschurische Haartrachten und chinesische Kleidung zu tragen. Des Weiteren musste die indigene Bevölkerung chinesische Namen annehmen. Die chinesische Kultur brachte den Buddhismus und Konfuzianismus auf die Insel und verdrängte das Christentum.

In der zweiten Hälfte des 19. Jahrhunderts wurde Taiwan ein Spielball der Kolonialmächte und Japans. Zuerst versuchte die Preußen mit einer Expedition (1859-1862) die Insel in Besitz zunehmen. Das Vorhaben scheiterte an den mangelnden Ressourcen.

Die nächsten waren US-Amerikaner und Japaner, die eine Strafexpedition auf der Insel durchführten, da Schiffbrüchige durch Eingeborene getötet wurden. China konnte gegen die USA und Japan nichts machen.

Von 184 bis 1885 kam es zum chinesisch-französischen Krieg[2]. Die Franzosen landeten bei Keelung und besetzten die Inseln.

---

[2] Der Krieg war ursprünglich auf heutiges vietnamesisches Gebiet und dehnte sich nach China aus.

Jedoch wurden die Franzosen durch die chinesische Armee von der Insel verdrängt und mussten zurück auf ihre Schiffe. China versuchte in den Friedensverhandlungen ein Bündnis zwischen Frankreich und Japan zu verhindern. Der Krieg wurde von Seitens China als unentschieden angesehen und von Frankreichs nach Erreichung all seiner Ziele als Sieg verkauft.

Im Jänner 1886 erhielt Taiwan einen formellen Status als chinesische Provinz und wurde somit von Fujian abgekoppelt.

Administrativ wurde die Insel in drei Präfekturen geteilt – Taipeh, Taiwan und Tainan.

Japan versuchte nun sein Glück Taiwan zu erobern und sein Reich weiter auszubauen. Japan hat als einziges asiatisches Land geschafft die Kolonialmächte zu besiegen und selbst eine zu werden.

Ein Auge auf Taiwan hatte Japan bereits 1592 unter den japanischen Feldherren und Politiker Toyotomi Hideyoshi geworfen. Mehrere Eroberungsversuche scheiterten, da die indigene Bevölkerung heftigen Widerstand leistete.

1609 entsandte die Tokugawa eine Forschungsmission nach Taiwan und 1616 führte Murayama Toan eine weitere gescheiterte Invasion.

1871 strandete ein Schiff aus dem Königreich Ryukyu nach einem starken Sturm an der südöstlichen Küste der Insel. Es entstand ein Konflikt mit der indigenen Bevölkerung der Paiwan und infolge kam es zu Tötung von fast allen gestrandeten Japanern. Im Oktober 1872 forderte Japan eine Kompensation von chinesischem Kaiserreich, mit der Behauptung das Königreich Ryukyu gehöre zu Japan. Im Mai 1873 wurde die Forderungen von japanischen Diplomaten in Peking überbracht, die Qing wies die Forderungen ab mit der Begründung, dass das Königreich Ryukyu ein unabhängiger Staat sei. Die Japaner waren über diese Entscheidung nicht erfreut und fragten dennoch ob die Barbaren bestraft würden. Die Qing erklärten, dass sie nicht die gesamte indigene Bevölkerung kontrolliere und somit die Ausländer auf der Insel vorsichtig sein müssten. Japan musste anerkennen, dass Taiwan inklusive der indigenen Bevölkerung unter Qing-Jurisdiktion stehe. 1874 entsandte Japan dennoch eine Strafexpedition auf die Insel, wo sie auf Qing Truppen stießen. Die Qing zeigten Japan, dass die Insel fest unter im Qing Reich verankert ist. Japan zog sich Ende des Jahres zurück, da es für einen Krieg gegen die Qing noch nicht bereit war. Dennoch sollte sich bald das Blatt wenden.

Taiwan gerät unter japanische Herrschaft

In Taiwan kontrollierte die Qing-Dynastie nur 45% des Landes. Der dünn besiedelte Rest des Landes wurde von dem jeweiligen indigenen Volke beherrscht.

Im Jahr 1894 bricht der chinesisch-japanische Krieg aus als es um die Unabhängigkeit Koreas geht. China erlitt eine Niederlage gegen das aufstrebende Japan und musste im Vertrag von Shimonoseki (17. April 1895) Taiwan und die Penghu-Inseln an Japan abtreten. Nun begann auf Taiwan das japanische Zeitalter. Die Machtübergabe ging innerhalb von zwei Monaten über die Bühne. Die Qing traf dieser Verlust sehr.

Japan gab den Einwohnern zwei Jahre Zeit weiter als japanischer Untertan auf der Insel zu bleiben oder dies zu verlassen.

Zwischen 1895 bis 1915 war die japanische Besatzung von viel Widerstand in der taiwanesischen Bevölkerung geprägt. Japan überlegte die Insel eventuell an Frankreich zu verkaufen. Doch Japan blieb bei der Entscheidung das Gebiet zu behalten und es wurde nun debattiert welche Strategie für Taiwan am besten war.

Der erste Ansatz war, dass man für die indigene Bevölkerung anders behandelt werden muss, als wie im Kernland Japan. Dies hieß auch für Taiwan eine eigene neue Gesetzkatalog. Somit wurden spezielle Dekrete und Gesetze für Taiwan entworfen. Die Japaner regierten somit absolut über die Insel und waren darauf bedacht die soziale Stabilität aufrecht zu erhalten und den Widerstand gegen die neuen Herren zu ersticken.

Ein schwieriges Problem wurden die Opiumsüchtigen. Die Zahl stieg ins Immense und konnte anfangs nicht unter Kontrolle gebracht werden. Schritt für Schritt wurde ein Verbot der Droge eingeführt. Jedoch ging man behutsam vor und man konnte dieses Problem langsam in den Griff bekommen.

Der Erste Weltkrieg (1914-1918) veränderte die Sichtweise des Kolonialismus. Der Nationalismus wuchs überall auf der Welt. Japan verändert sich ebenfalls und so wurde in der Taisho Zeit die Regierung teilweise demokratisiert. Das Parlament wurde gewählt und 1919 wurde Den Kenjiro als erster ziviler Generalgouverneur von Taiwan eingesetzt

Der japanische Premierminister und der neue Generalgouverneur stimmten überein eine Politik der Assimilation. Sie sahen Taiwan als Ableger der urjapanischen

Inselwelt. Die Taiwanesen sollten als japanische Untertanen erzogen werden und auch belohnt werden, wenn sie die japanische Sprache nutzten.

Der russisch-japanische Krieg

Das russische Reich hatte die mandschurische Eisenbahn und Port Arthur als Konzession bekommen. Doch der Interessenskonflikt um die Mandschurei eskalierte 1904 in einem Krieg zwischen dem

Russischen Zarenreich und dem Japanischen Kaiserreich. Japan gewann den Krieg und die besetzten Teile der Mandschurei wechselte ihren Kolonialherren. Die japanische Armee baute die südmandschurische Eisenbahnlinie, die Rohstoffe nach Korea bringen sollte. Korea wurde 1905 nach dem ersten chinesisch-japanischen Krieg im Vertrag von Shimonoseki zum japanischen Protektorat und 1910 wurde Korea annektierte.

1929 wurde auch Japan schwer von der Weltwirtschaftskrise

getroffen. Japan suchte eine Lösung hierfür. Die Agenten der Kwantung sprengten am 18. September 1931 bei der Stadt Mukden die Südmandschurische Eisenbahn und gab China die Schuld an diesen Sabotageakt. Der sogenannte Mukden-Zwischenfall d war der Beginn der japanischen Eroberung der Mandschurei. China leistete keine Gegenwehr, da es zu diesem Zeitpunkt in einem Bürgerkrieg zwischen den Kommunisten unter Mao und Nationalisten und Chiang Kai-shek lief. Einige Warlords in diesem

Gebiet versuchten die japanische Armee abzuwehren, scheiterten jedoch.

Japan errichtete den Marionettenstaat Mandschukuo und setzten den letzten Kaiser Pu Yi ein. Die japanische Armee und Flotte unterstand direkt dem japanischen Kaiser und damit hatte das Parlament keinen Einfluss auf das Militär. Mit dem Erfolg in der Mandschurei wurde das Militär in der Politik immer stärker und übernahm zunehmend die Macht.

1932 kam es zum Shanghai zwischen Fall bei den japanischen

Mönchen misshandelt wurden und zuvor die nationalchinesische Regierung einen Boykott auf japanische Waren ausrief. Um Shanghai wurde eine demilitarisierte Zone eingerichtet und später auch zwischen Peking und den Marionettenstaat Mandschukuo.

Der zweite chinesisch-japanische Krieg und der zweite Weltkrieg

Am 7.Juli 1937 beim Zwischenfall auf der Marco Polo Brücker begann der zweite chinesische-japanische Krieg und für Ostasien der Zweite Weltkrieg. Die Schlacht um Shanghai verlief für Japan nicht wie geplant. Sie dauert viel länger, da der Widerstand erheblich größer war. Im Dezember 1937 hatte Japan die Oberhand gewonnen und Shanghai eingenommen.

Die japanische Armee rückte weiter ins Landesinnere vor und

erreicht in wenigen Tagen Nanjing. Die Hauptstadt der Nationalchinesischen Regierung. Dort verursachte die japanische Armee ein Massaker unter der chinesischen Bevölkerung. Dieses Kapitel ist bis heute in Japan nicht aufgearbeitet worden und erzürnt die Gemüter in China. Die chinesische Regierung unter Chiang Kai-shek wich vorerst nach Wuhan aus.

Japan versuchte die chinesische Armee von ihren Versorgungswegen abzuschneiden und versuchten die Stadt

Tai'erzhuang zu erobern. Hier erlitten die Japaner eine Niederlage, jedoch gewannen sie beim wichtigen Knotenpunkt Xuzhou.

Die Japaner setzten eine chinesische Marionettenregierung für die eroberten Gebiete in und konnten aus logistischen Gründen nicht das ganze Land erobern. Der Widerstand der in der chinesischen Einheitsfront vertretenen Nationalisten und Kommunisten war enorm. Mit der Sowjetunion wurde die Luftabwehr aufgebaut. Sowjets und Chinesen flogen

Luftangriffe bis nach Taiwan. Anfangs verhielt sich die USA neutral zwischen den Kriegsparteien. Als im Dezember 1937 ein amerikanisches Schiff von der japanischen Armee versenkt wurde und das Nanjing Massaker stattfand wurde ein Embargo auf Japan verhängt. Eine diplomatische Krise nahm nun seinen Lauf. Die USA sahen in Japan ein erstes Problem bei den US-Interessen im pazifischen Raum.

Durch das Embargo sah Japan sein Engagement in China

gefährdet und richtete nun seine Aggression gegen die USA. Dieser Konflikt führte zum Angriff auf den US-Flottenstützpunkt Pearl Harbour (Dezember 1941). Die Freundschaft zwischen Deutschland und China zerbrach ebenfalls und der Nichtangriffspakt zwischen Hitler und Stalin war auch hinfällig als die deutsche Armee die Sowjetunion angriff. Deutschland und Japan waren nun verbündete gegen die Sowjetunion, China, USA, Frankreich und dem britischen Commonwealth.

Auch im selben Jahr zerbrach die chinesische Einheitsfront. Die Kluft zwischen die Kommunisten und den Nationalisten war zu groß.

Auf Taiwan wurden alle Ressourcen für den Krieg gegen China und gegen die USA benutzt. Die Assimilierung der Bevölkerung wurde voran getrieben bis 1945.

Im August 1945 musst Japan kapitulieren Korea und Taiwan räumen. Korea wurde ins sowjetisch besetzte Nordkorea und in das von den USA besetzte Südkorea erteilt. Die Teilung ab 38. Breitengrad ist bis heute die aktuelle Waffenstillstandslinie. Auch der Koreakrieg (1950-53) änderte nichts daran.

Taiwan wurde China am 24. Oktober 1945 zurückgegeben, wo zwischen den Kommunisten und Nationalisten ein erbitterter Bürgerkrieg geführt wurde. Die Nationalchinesen mussten 1949 vom Festland nach Taiwan flüchten. Die Kommunisten riefen am 1. Oktober 1949 die Volksrepublik China aus und errangen somit den Sieg, obwohl noch vereinzelt Kämpfe stattfanden die 1950 erst endeten.

Chen Yi wurde von der Nationalregierung zum ersten Statthalter für Taiwan auserkoren. Taiwan wurde zu einer chinesischen Provinz erhoben und die Offizielle Souveränität erhielt Taiwan erst 1952 im Friedensvertrag von San Francisco.

Literatur

Cline Ray S., The Role of the Republic of China in the international Community, University Press of America 1991

Copper John Franklin, Historical Dictionary of Taiwan (Republic of China). 3. Auflage. Scarecrow Press

Chou Fan, Wem gehört Taiwan? (Reihe Sinica 30). Übersetzt von Peter Busch. Bochum, Westdeutscher Universitätsverlag, 2014

James Davidson, The Island of Formosa. Past and Present. London/New York 1903.

Deutsch-Chinesische Gesellschaft e. V. Freunde

Taiwans (Hrsg., *Taiwan in Bewegung. 100 Jahre Republik China* Berlin: Deutsch-Chinesische Gesellschaft e. V. Freunde Taiwans 2014.

Domes Jürgen, Kuomintang-Herrschaft in China. Niedersächsische Landeszentrale für Poltische Bildung.

Neukirchen Mathias, *Die Vertretung Chinas und der Status Taiwans im Völkerrecht*. Nomos, Baden-Baden 2004

Shepherd John Robert, *Statecraft and Political Economy on the Taiwan Frontier*. Stanford 1993.

Schubert Gunter (Hrsg.), *Routledge Handbook of Contemporary Taiwan*, London: Routledge 2016

Weggel Oskar, *Die Geschichte Taiwans. Vom 17. Jahrhundert bis heute.* Edition global, München 2007

Weyrauch Thomas, Chinas unbeachtete Republik 100 Jahre im Schatten der Weltgeschichte, Band 1 und Band 2

ISBN 978-3-7531-4656-0

www.epubli.de